Dankbarkeit Praxisbuch

Cosima Sieger

Dankbarkeit:

DAS GROSSE PRAXISBUCH DER DANKBARKEIT

Wie Sie in 30 Tagen unendliche Fülle erschaffen!

Plus:

30 Tage Programm für ein dankbares Leben

Cosima Sieger

Inhalt

Die unendliche Kraft der Dankbarkeit 6

TEIL I:
WIE DIE KRAFT DER DANKBARKEIT IHR LEBEN VERÄNDERT 10

Der Schlüssel zur Dankbarkeit 15

Rituale für mehr Dankbarkeit 19

3 Grundsätze, wie Sie mit kleinen Ritualen Ihr Leben verändern 19

Dankbarkeitsritual 1:
So erkennen Sie die Fülle in Ihrem LEBEN! 22

Dankbarkeitsritual 2:
So erkennen Sie den Reichtum in IHNEN! 28

Dankbarkeitsritual 3:
So ziehen Sie noch mehr Fülle an (der entscheidende Trick)! 33

TEIL II:
EIN 30 TAGE PROGRAMM FÜR MEHR DANKBARKEIT UND FÜLLE 37

Woche 1:
Zurück in die Fülle (7 Übungen) 38

Woche 2:
Öffnen Sie sich ganz für die Fülle (7 Übungen) 46

Woche 3:
Erschaffen Sie sich ein Leben in Fülle (7 Übungen) 55

Woche 4:
Erschaffen Sie sich ein Leben in noch mehr Fülle
(7 Übungen) 64

Woche 5:
Ein Leben lang im Überfluss bleiben (2 Übungen) 72

TEIL III:
MACHTVOLLE VISUALISIERUNGSÜBUNG FÜR DANKBARKEIT,
LIEBE UND FÜLLE! 76

99 Dinge, für die Sie heute dankbar sein können 84

Schlusswort 95

Anhang, Haftungsausschluss & Copyright 113

Die unendliche Kraft der Dankbarkeit

Dankbarkeit ist die zweitstärkste Kraft im Universum, gleich nach der Liebe.

Sie hat eine enorme und stark unterschätzte Macht, die Ihr Leben und Ihr Lebensgefühl so schnell und so gründlich verändern kann, dass Ihnen beinahe schwindelig wird.

Echte und tief empfundene Dankbarkeit kann tatsächlich Ihr gesamtes Leben zum Positiven verändern, ja geradezu revolutionieren.

Das einzige, was Sie dafür tun müssen, ist, zu lernen, wieder wirklich von Herzen dankbar zu sein und sich auf das Gefühl der Dankbarkeit und auf die innere Fülle, die sich dadurch einstellt, wirklich einzulassen.

Die Kunst der Dankbarkeit zu beherrschen, ihre Kraft zu verstehen und im eigenen Leben wirken zu lassen ist einer der wichtigsten Schlüssel zu unserem Glück, und obwohl sie seit einiger Zeit wieder an Beliebtheit gewinnt, bleiben die meisten Menschen, die sich mit der Dankbarkeit beschäftigen doch bei der Theorie hängen und gehen den entscheidenden Schritt in die Praxis nicht. Und so beherrschen tatsächlich nur sehr wenige Menschen die Kunst der Dankbarkeit wirklich.

Das ist nicht verwunderlich.

Denn einerseits werden Dinge, die für uns zur Selbstverständlichkeit geworden sind, von unserem Gehirn ganz automatisch weniger stark wahrgenommen, denn unser Gehirn konzentriert sich auf Neues, Unvorhergesehenes und auch auf Gefahren, um uns zu schützen, und nimmt Dinge, die immer um uns herum sind (zum Beispiel die Fülle, die wir längst in unserem Leben haben – und die wir als Kinder noch wahrnehmen konnten), mit der Zeit immer schwächer wahr.

Andererseits leben wir in einem wirtschaftlichen (und damit auch gesellschaftlichen) System, das von ständiger Verbesserung und Optimierung lebt, davon, dass wir als Gesellschaft und als Individuen immer höher und weiter springen, immer schneller und besser werden und immer neue Erfolge erzielen, um der Konkurrenz voraus zu sein und zu bleiben. Ganz natürlich müssen wir für diese Lebensweise unseren Fokus darauf richten, was wir noch nicht haben, was wir noch erreichen wollen und wo wir noch schlechter oder schwächer sind als die Konkurrenz.

Wir müssen uns, um voran zu kommen, also vergleichen und uns auf den Mangel und auf die Zukunft konzentrieren, an der wir arbeiten. Ein zu intensiver Blick auf das Schöne, das wir bereits in unserem Leben haben, birgt eine Gefahr, denn er könnte uns genügsam, ja zu zufrieden machen und so unseren Ehrgeiz und unseren Leistungswillen schmälern und uns von unseren Zielen abbringen.

Bitte verstehen Sie mich an dieser Stelle nicht falsch. Ich bin ein großer Freund der Weiterentwicklung, des Ehrgeizes und der Höchstleistung in ausgewählten

Bereichen unseres Lebens. Wachstum ist Leben und wir entwickeln uns ohnehin ständig, es ist also im Sinne aller, wenn wir dies bewusst tun und unser Leben selbst formen, anstatt uns von den Umständen in unserem Leben formen zu lassen. Und natürlich benötigen wir dafür Ziele und so auch den Blick in die Zukunft.

Aber ich halte es für wichtig, dass wir uns ganz bewusst einen Ausgleich schaffen zu diesem Streben nach mehr, und zwar indem wir unseren Fokus regelmäßig auf all das Schöne richten, das wir bereits haben. Manches davon haben wir uns selbst erarbeitet. Doch das allermeiste davon wurde uns einfach geschenkt.

Unser Leben, unsere Gesundheit, unsere Freiheit, unser hoher Lebensstandard, unser Zugang zu Bildung und Wissen, zu medizinischer Versorgung und Leitungswasser, aber auch unsere Augen, unsere Füße, unsere schöne Natur... All diese Dinge haben wir ohne harte Arbeit einfach geschenkt bekommen. Und wir würden sie furchtbar vermissen, wenn wir sie auf einmal nicht mehr hätten. Und doch nehmen wir sie kaum wahr, solange wir sie haben.

Ich möchte Sie mit diesem Buch dazu inspirieren, neben der Arbeit an Ihren Zielen und Ihrem Blick auf die Zukunft den Überfluss und die Fülle wahrzunehmen, die schon so viele Jahre in Ihrem Leben sind und ich möchte Ihnen zeigen, wie Sie wieder tiefe Freude und Dankbarkeit dafür empfinden können. Denn Sie wissen ja: Kein noch so großer Erfolg in unserem Leben kann uns glücklich machen, solange wir nicht gelernt haben, ihn wahrzunehmen und wertzuschätzen.

Wenn Sie hingegen beginnen, wirklich dankbar zu sein für all das, was Sie bereits haben, dann wird sich in Ihrem inneren UND in Ihrem äußeren Leben ein Übermaß an Fülle und Glückseligkeit einstellen, das Sie kaum für möglich gehalten hätten. Sie fühlen sich dadurch nicht nur sofort glücklicher, sondern werden auch mit der Zeit immer mehr Fülle in Ihr Leben ziehen.

Ich möchte Sie daher aus ganzem Herzen ermutigen, die Kunst der Dankbarkeit zu erlernen!

Nach der Kunst des Liebens ist sie die Kunst, die am zweitstärksten zu unserem Glück beiträgt. Eigentlich sollte jeder Mensch sie beherrschen. Und sie ist ganz einfach!

Auch wenn Sie glauben, dass Sie im Moment wenig haben, wofür Sie dankbar sein können: Nachdem Sie dieses Buch gelesen haben, werden Sie das vollkommen anders sehen. Das verspreche ich Ihnen!

Und nun wünsche ich Ihnen viel Freude beim Lesen,

Ihre Cosima Sieger

TEIL I:
WIE DIE KRAFT DER DANKBARKEIT IHR LEBEN VERÄNDERT

Dankbarkeit schenkt Ihnen Fülle, tiefe Zufriedenheit, Gelassenheit und Glück auf gleich zwei verschiedenen Ebenen: Der inneren (Ihrem Gefühl und Ihrer Wahrnehmung) und der äußeren (Ihrem materiellen Leben).

Wenn wir wirklich aufrichtig dankbar sind, dann erleben wir noch im selben Moment ein Gefühl von innerer Fülle, von Freude, Reichtum und Überfluss, ganz egal, wie unser Leben im Außen im Moment noch aussieht. Vielleicht kennen Sie das Sprichwort: Nicht jeder Glückliche ist dankbar, aber jeder Dankbare ist glücklich.

Wir spüren dieses Gefühl von Glück, weil wir unseren Fokus auf die Fülle in unserem Leben richten, die wir ansonsten meist als gegeben ansehen und nicht mehr wahrnehmen können.

Und während wir unsere Aufmerksamkeit bewusst wieder darauf richten und lernen, diese Dinge wahrzunehmen und ihren Wert für unser Leben zu erkennen (und dabei gleichzeitig unsere Aufmerksamkeit von unseren Sorgen und Problemen abziehen) dann wird sich ganz automatisch ein Gefühl von Fülle und tiefem Glück in uns einstellen – einfach dadurch, dass wir unsere Perspektive geändert und uns entschlossen haben, auf andere Dinge in unserem Leben zu schauen, als bisher.

Aber die Kraft der Dankbarkeit wirkt auch noch auf einer zweiten Ebene. Nämlich der äußeren, materiellen Ebene unseres Lebens.

Wenn wir von Herzen für etwas dankbar sind, dann erzeugt diese Dankbarkeit in uns positive Emotionen. Und durch diese Emotionen erhöht sich unser Schwingungszustand. Unsere gesamte Körperfrequenz wird auf ein höheres Level gehoben und wir ziehen durch das Gesetz der Resonanz im Außen Positives an, das mit genau der Fülle, die wir in uns spüren, in Resonanz geht.

Solche Veränderungen gehen oft sehr schnell. Wenn wir beginnen, Dankbarkeit wirklich intensiv in uns zu spüren, dann kommen plötzlich (und scheinbar ganz von selbst) immer mehr wunderbare Dinge in unser Leben – Liebe, Freundschaft, tiefe Beziehungen, Erfolg, Geld und vieles, vieles mehr und wir stehen im Nachhinein oft ganz verwundert da und fragen uns, wie es passieren konnte, dass sich unser Leben innerhalb von wenigen Monaten, manchmal sogar wenigen Wochen oder Tagen, ja sogar Stunden (!) so vollkommen verändern konnte.

Wir glauben, es sei Glück im Sinne von Zufall gewesen. Aber das war es nicht. Wir haben uns diese Realität erschaffen, indem wir über unsere Dankbarkeit bestimmte Gefühle in uns ausgelöst und so unseren Schwingungszustand erhöht haben. Wir haben also für unsere äußere Fülle gearbeitet – aber eben nicht im Außen, sondern in unserem Inneren.

Wenn Sie die Kraft der Dankbarkeit nutzen wollen, um mehr äußere Fülle in Ihr Leben zu ziehen, dann können Sie das ganz einfach tun. Es gibt jedoch einen entscheidenden Punkt, den Sie kennen und beachten müssen, damit es funktioniert. Wenn Sie diesen einen Punkt nicht beachten, werden sich keine Veränderungen in Ihrem Leben einstellen können.

Sie werden diesen Punkt in diesem Buch kennenlernen und auch genau erfahren, wie Sie ihn schnell, einfach und erfolgreich einsetzen, um mit Dankbarkeit gezielt mehr Fülle im Außen zu erschaffen.

Zunächst wird Ihnen dieses Buch natürlich zeigen, wie Sie Dankbarkeit in sich aufbauen, denn vielen Menschen fällt das besonders zu Beginn noch schwer.

Anschließend werden Sie lernen, wie Sie Ihre Dankbarkeit so nutzen, dass Sie innere Fülle erschaffen und glücklich und erfüllt leben UND wie Sie sie dazu nutzen, zusätzlich auch äußere Fülle in Ihr Leben zu holen, und zwar in jedem nur möglichen Lebensbereich, in dem Sie sich mehr Fülle, Glück und Erfolg wünschen – sei es in der Liebe, im Beruf oder für Ihre Gesundheit.

All das können Sie ganz einfach mit wenigen Minuten Zeitaufwand am Tag erreichen, wenn Sie die drei Dankbarkeitsrituale in Ihren Alltag einführen, die ich Ihnen in diesem Buch vorstellen werde.

Diese Rituale sind einfach, angenehm und schnell umzusetzen, aber sie sind ausgesprochen mächtig und werden Ihr inneres und äußeres Leben vollkommen revolutionieren und Ihr Glückslevel in enormer Geschwindigkeit erhöhen.

Im Anschluss erhalten Sie von mir in diesem Buch ein komplettes 30 Tage Praxisprogramm für mehr Dankbarkeit, mit dem Sie zusätzlich parallel oder nachdem Sie mit den 3 Dankbarkeitsritualen gearbeitet haben, ganz einfach in 5 Minuten pro Tag systematisch mehr Dankbarkeit und das Gefühl von immer weiter wachsendem Reichtum, Fülle und Freude in Ihr Leben bringen können.

Und zum Abschluss teile ich mit Ihnen eine ausgesprochen machtvolle Visualisierungsübung, mit der Sie sich selbst in 15 Minuten im Inneren mit Dankbarkeit, Liebe und Fülle anfüllen können und die Sie, ganz wie Sie mögen, einmalig ausprobieren oder auch regelmäßig in Ihren Alltag integrieren können.

Wenn Sie dieses Buch gelesen haben, wird sich Ihr Leben also sowohl im Innen, als auch im Außen stark zum Positiven verändern und Sie werden bereits in sehr kurzer Zeit Fülle, Glück und Freude im Überfluss finden können.

Voraussetzung dafür ist allerdings, dass Sie den entscheidenden Schlüssel zur Dankbarkeit UND den entscheidenden Schlüssel, wie Sie mit Dankbarkeit Fülle im Außen in Ihr Leben ziehen, verstehen und, dass Sie zumindest die drei Dankbarkeitsrituale aus diesem Buch auch wirklich umsetzen. Je mehr Sie sich in Dankbarkeit üben, desto mehr Fülle werden Sie aufbauen. Deshalb probieren Sie am besten alles aus, was Sie an praktischen Tipps und Übungen in diesem Buch von mir erhalten.

Wenn Sie meine Bücher bereits kennen, dann wissen Sie:

Ich möchte Sie mit meiner Arbeit bei Ihrem entscheidenden Schritt vom Wissen ins TUN begleiten und Ihnen zeigen, wie Sie Wissen, das Ihr Leben einfach großartig machen kann, nicht nur sammeln, sondern ganz einfach, mit viel Spaß und wenig Zeitaufwand umsetzen und sich so Schritt für Schritt das wunderschöne Leben aufbauen können, das Sie längst verdienen und auch leben können!

Lassen Sie uns also beginnen...

Der Schlüssel zur Dankbarkeit

Wenn Sie Dankbarkeit lernen wollen, dann sollten Sie zunächst lernen, Ihre Gedanken selbst zu kontrollieren und zu steuern.

Viele Menschen glauben, ihre Gedanken nicht beeinflussen zu können. Sie denken den ganzen Tag vor sich hin und erschaffen dadurch Gefühle in sich, und sie glauben, ihrem Grübeln, ihrem Ärger und ihrem Schmerz ausgeliefert zu sein. Aber das stimmt nicht.

Wir können lernen, unsere Gedanken zu kontrollieren und selbst zu steuern und das müssen wir auch tun, um in der Lage zu sein, unseren Fokus immer wieder bewusst auf den Reichtum in unserem Leben zu lenken und Dankbarkeit zu spüren.

Genau das ist dann der zweite Schritt: Sobald Sie gelernt haben, wie Sie Ihren Fokus kontrollieren, richten Sie ihn täglich ganz bewusst auf die Fülle, den Reichtum und die Geschenke in Ihrem Leben, anstatt auf Mangel, Sorgen und Probleme, und Ihr Gehirn wird sich verändern. Ja, Ihre Sicht auf die Welt und auf Ihr Leben wird sich verändern, weil Sie eine neue Perspektive einnehmen, weil Sie beginnen, die Welt durch eine neue Brille zu sehen.

In diesem Kapitel werde ich Ihnen eine Zen-Meditation vorstellen, mit der Sie gezielt trainieren können, Ihren Fokus und Ihre Gedanken zu kontrollieren und zu steuern.

Ich empfehle Ihnen, sich für diese Meditation täglich ein paar Minuten Zeit zu nehmen und sie in den nächsten 21 Tagen (noch besser natürlich dauerhaft) zusätzlich zu den drei Dankbarkeitsritualen zu praktizieren, denn gerade in der Anfangszeit fällt das bewusste Lenken des eigenen Fokus den meisten Menschen noch schwer.

Am besten ist es, die Meditation morgens und abends für jeweils einige Minuten zu machen.

Setzen Sie sich dafür bequem und mit aufrechtem Rücken im Schneidersitz auf einen harten Untergrund (z.B. auf einen Teppich), schalten Sie Ihr Telefon aus und schließen Sie die Augen. Entspannen Sie sich, atmen Sie ruhig ein und aus und beginnen Sie, Ihre Aufmerksamkeit auf Ihren Atem zu richten und ihn zu verfolgen. Atmen Sie in aller Ruhe, bis Sie das Gefühl haben, in sich angekommen zu sein und zu entspannen.

Nehmen Sie dann Ihre Konzentration von Ihrem Atem weg und stellen Sie sich eine strahlend weiße Fläche vor. Richten Sie nun Ihren GESAMTEN Fokus ohne Unterbrechung auf diese weiße Fläche. Sie sollte das einzige sein, was Sie wahrnehmen und was Sie in Ihr Bewusstsein lassen.

Sobald Gedanken, Bilder oder Erinnerungen auftauchen (was bei Anfängern in der Regel alle paar Sekunden geschieht), schieben Sie diese Gedanken und Bilder innerlich beiseite, bis die weiße Fläche vor Ihrem inneren Auge wieder ganz frei ist.

Wenn Sie nach einigen Minuten die Augen wieder öffnen, werden Sie sich unmittelbar stärker, klarer, in sich ruhend und mit sich verbunden fühlen. Sie werden Ihre Konzentration als einen klaren Energiestrahl empfinden, den Sie bewusst auf das richten können, was Sie auswählen. Und mit jeder Meditation nimmt diese Wirkung zu, da Ihre Konzentrationsfähigkeit dabei immer weiter trainiert wird.

Diese kleine, möglicherweise trivial erscheinende Zen-Meditation ist eine hoch effektive Methode, um Konzentration und Fokus zu schärfen und eine Verbindung zu unserem inneren Kern und unserer inneren Kraft herzustellen. Sie trainiert darüber hinaus unsere innere Widerstandskraft, unsere Selbstliebe und unsere Fähigkeit, Abläufe selbst zu steuern und zu kontrollieren und stärkt dadurch mit wenig Aufwand unsere Fähigkeit, unsere Gedanken und unseren Fokus zu kontrollieren und zu steuern.

Probieren Sie es aus!

Beginnen Sie am besten mit vier oder fünf Minuten voll konzentrierter Meditation morgens und abends und steigern Sie sich jeden Tag um eine Minute, bis Sie etwa zehn Minuten erreicht haben. Wichtig ist aber, dass Sie in diesen Minuten wirklich alles geben und 100% konzentriert bleiben.

An Tagen, an denen Sie sehr müde oder gestresst sind, nehmen Sie sich einfach nur drei Minuten bei wirklich voller Konzentration, aber bleiben Sie ebenfalls zu 100%

präsent und kontrollieren Sie in diesen drei Minuten Ihre Gedanken vollständig. Dadurch erzielen Sie eine weitaus größere Wirkung als mit zehn oder zwanzig Minuten halbherziger Meditation bei abschweifenden Gedanken.

Im Folgenden werde ich Ihnen die drei Rituale für mehr Dankbarkeit vorstellen und Ihnen zeigen, wie Sie damit echte Veränderungen in Ihrem Leben herbeiführen.

Rituale für mehr Dankbarkeit

3 Grundsätze, wie Sie mit kleinen Ritualen Ihr Leben verändern

Rituale sind ein wunderbar einfaches Mittel, um ohne Mühe große und kleine Veränderungen in unserem Denken und unserem Leben herbei zu führen. Sie sind besonders wirksam, wenn es um eine Veränderung der inneren Einstellung geht. Denn durch das regelmäßige Wiederholen förderlicher Denk- und Verhaltensmuster entwickeln wir ganz automatisch neue Gewohnheiten, die uns ohne weiteres Zutun zu unserem gewünschten Ziel führen.

Bevor ich Ihnen die drei Dankbarkeitsrituale vorstelle, möchte ich Ihnen drei Grundsätze zeigen, die Sie beachten sollten, damit Ihre neuen Rituale Sie sicher zum Erfolg führen. Der entscheidende Grund, warum der Erfolg bei manchen Menschen ausbleibt, ist nämlich der, dass sie neue Rituale zwar in ihr Leben einführen, aber sie nach kurzer Zeit wieder schleifen lassen oder aufgeben.

Daher sollten Rituale, mit denen Sie ein bestimmtes Ziel erreichen oder eine bestimmte Veränderung in Ihrem Leben herbeiführen möchten, immer die folgenden drei Voraussetzungen erfüllen:

Bringen Sie für jedes Ritual höchstens zwei Minuten Zeit am Tag auf

Dadurch stellen Sie sicher, dass Sie es wirklich jeden Tag durchführen können, egal wie wenig Zeit Sie haben. Rituale, mit denen wir unsere innere Haltung und unser Denken verändern möchten, finden meist auf der Ebene unserer Gedanken statt und benötigen nicht viel Zeit. Häufig sind es sogar nur einige Sekunden. Mehr als zwei Minuten am Tag müssen und sollten Sie also dafür nicht aufbringen. Wichtig ist jedoch, dass Sie es regelmäßig wiederholen. Und genau das ist die zweite Voraussetzung:

Führen Sie jedes Ritual täglich durch

Nicht einmal pro Woche, nicht mehrmals pro Woche, sondern täglich. Wenn Sie Ihre Gedanken und Ihre innere Einstellung ändern wollen, müssen Sie Ihr neues Denken täglich trainieren. Der Schlüssel zum Erfolg ist die Regelmäßigkeit.

Verknüpfen Sie jedes neue Ritual mit einer bereits bestehende Gewohnheit in Ihrem Alltag

Führen Sie ein Ritual täglich zur gleichen Zeit durch, so werden Sie es nicht vergessen. Damit ist nicht unbedingt eine feste Uhrzeit gemeint, sondern eine bestimmte, bereits bestehende, Gewohnheit in Ihrem Tagesablauf, mit der Sie Ihr neues Ritual verknüpfen.

Sie können zum Beispiel Ihr Ritual immer beim morgendlichen Zähneputzen oder unter der Dusche durchführen. Oder an der ersten roten Ampel auf dem

Weg zur Arbeit. Oder auch direkt vor dem Schlafengehen oder direkt, wenn Sie von der Arbeit nachhause kommen. Suchen Sie sich für jedes Ritual eine Zeit aus, die Ihnen angenehm ist und gut in Ihren Tagesablauf passt.

Wenn Sie diese drei Grundsätze beachten, werden Sie feststellen, dass Ihre neuen Rituale schon bald zu festen Gewohnheiten werden, über die Sie nicht mehr nachzudenken brauchen. So wird Ihnen die Umsetzung sehr leicht fallen, auch wenn Sie nur wenig Zeit haben. Und der Erfolg, den Sie damit schon nach kurzer Zeit erzielen werden, wird Sie begeistern!

Und nun lassen Sie mich Ihnen die drei Rituale der Dankbarkeit vorstellen.

Dankbarkeitsritual 1: So erkennen Sie die Fülle in Ihrem LEBEN!

Wir leben in einem der reichsten Länder der Erde in massivem Überfluss. Wir haben endlos viele Möglichkeiten und ein so abwechslungsreiches und bequemes Leben wie noch kaum eine Gesellschaft in der gesamten Menschheitsgeschichte – von kleinen Elitegruppen einmal abgesehen. Wir haben alles im Überfluss!

Wir dürfen glauben, woran wir wollen und dürfen Beziehungen pflegen zu wem wir möchten. Wir haben die Freiheit, uns aus unserer sozialen Schicht oder aus unserem Land zu lösen und an dem Ort und auf die Weise zu leben, die uns gefällt.

Aber wir sehen oft den Wald vor lauter Bäumen nicht. Haben den Bezugsrahmen, den Blick auf das große Ganze verloren und halten, wie schon erwähnt, all das für selbstverständlich. Und die Zahl der depressiven Menschen in unserer Gesellschaft steigt immer weiter an.

Daran wird sehr deutlich: Nicht das, was wir haben, macht uns glücklich, sondern das, was wir wahrnehmen und genießen können.

Und selbst die schönsten Glücksmomente können wir nur wahrnehmen und genießen, wenn wir unseren Verstand darauf programmieren.

Sie wissen nun, wie Sie Ihren Fokus gezielt steuern. Wie aber programmiert man sich auf Glücklichsein?

Glücklichsein ist doch ein Gefühl... Und Sie werden sich jetzt wahrscheinlich fragen, wie Sie ein Gefühl bewusst hervorrufen können. Schließlich sind unsere Gefühle doch Reaktion auf das was uns geschieht. Oder etwa nicht...?

Die Antwort lautet:

Wir können unser Gefühl beeinflussen und Gefühle hervorrufen, indem wir unsere Gedanken steuern. Denn unsere Gedanken rufen unsere Gefühle hervor und unsere Gefühle sind das Resultat unserer Gedanken.

Lassen Sie mich Ihnen dazu ein Beispiel geben:

Stellen Sie sich vor, Sie haben einen neuen Kollegen in Ihrem Job und Sie haben über eine dritte Person gehört, dass er Sie unmöglich findet. Was fühlen Sie?

Stellen Sie sich nun vor, die dritte Person erzählt Ihnen, sie habe sich geirrt. Der neue Kollege findet nicht Sie unmöglich, sondern eine andere Person. Über Sie hätte er allerdings gesagt, dass er Sie dafür bewundert, wie Sie vor den Kunden auftreten und dass er Sie heimlich zu seinem Vorbild gemacht hat. Was fühlen Sie jetzt?

Ein weiteres Beispiel:

Sie werden nachts wach und hören, wie jemand Ihre Wohnungstür öffnet und sich leise in Richtung Ihres Schlafzimmer bewegt. Da niemand einen Schlüssel zu Ihrer Wohnung hat, schließen Sie blitzschnell, dass es sich um einen Einbrecher handeln muss. Sofort steigen Angst und Panik in Ihnen auf. Als Sie gerade aus Ihrem Bett springen und hektisch nach Ihrem Telefon greifen wollen, um die Polizei zu rufen, fällt Ihnen ein, dass Sie Ihrer Putzfrau einen Schlüssel gegeben und sie gebeten haben, am frühen Morgen mit Ihrem Hund spazieren zu gehen, weil Sie gesundheitlich angeschlagen sind. Erleichtert lassen Sie sich wieder aufs Bett fallen und atmen auf. Ihre Angst löst sich auf. Ein einziger neuer Gedanke hat Ihren Gefühlszustand innerhalb von Sekunden zwei Mal vollkommen verändert.

Sie sehen, unsere Gedanken haben unmittelbaren Einfluss auf unsere Gefühle. Und diesen Mechanismus können wir auch dazu nutzen, um mit bestimmten Gedanken und dem gezielten Richten unserer Aufmerksamkeit auf bestimmte Dinge ganz bewusst bestimmte Gefühle in uns hervorzurufen.

Wir können so also auch ein Gefühl von Glück in uns hervorrufen und stärken, indem wir die richtigen Gedanken denken und unsere Aufmerksamkeit auf die richtigen Dinge lenken.

Und das spannende daran ist: je mehr wir uns darin üben, glücksbringende Gedanken zu denken, desto leichter fällt es uns. Mittlerweile ist in Studien nachgewiesen worden, dass sich unser Gehirn durch das wiederholte Denken bestimmter Gedanken tatsächlich physisch verändert und es uns dadurch mit der Zeit immer leichter fällt, diese Gedanken zu denken.

Je öfter Sie also Glücksgedanken denken, desto leichter wird es Ihnen mit der Zeit fallen, noch mehr solcher

Gedanken zu denken. Bauen Sie Ihr Gehirn um, indem Sie es auf Glück ausrichten und neu programmieren!

Lassen Sie uns dafür zunächst betrachten, bei welchen Gedanken sich eigentlich ein Glücksgefühl in uns einstellt:

Ein Glücksgefühl stellt sich ein, wenn wir uns der Fülle, in der wir leben, bewusst werden. Wenn wir unsere Gedanken und unseren Fokus auf diese Fülle richten und sie wahrnehmen. Je intensiver wir sie wahrnehmen, desto intensiver wird auch unser Glücksgefühl sein.

Alles was wir tun müssen, um unser Gehirn auf Dankbarkeit – und damit auf das Gefühl von Glück – zu programmieren, ist, unseren Fokus und unsere Gedanken regelmäßig (genauer gesagt täglich) auf die Fülle und das Schöne um uns herum zu richten.

Steuern Sie Ihre Gedanken, indem sie sich die richtigen Fragen stellen und somit auch die richtigen Antworten erhalten.

Konkret können Sie das so tun:

Kaufen Sie sich ein hübsches Notizbuch und legen Sie es neben Ihr Bett. Nehmen Sie sich jeden Abend vor dem Zubettgehen und jeden Morgen nach dem Aufwachen 2 Minuten Zeit und beantworten Sie täglich auf einer neuen Seite folgende Fragen:

Morgens:

- 3 Dinge, auf die ich mich heute freue (auch die ganz kleinen Dinge wie Ihr Morgenkaffee oder eine heiße Dusche zählen)
- 1 Grund, warum ich der glücklichste Mensch auf der Welt bin

Abends:

- 3 Dinge für die ich heute dankbar bin (notieren Sie auch die kleinen Dinge)
- 3 Geschenke, die ich heute vom Leben bekommen habe (z.B. ein Lächeln, ein Kompliment, eine Umarmung, einen Glücksmoment, ein schönes Erlebnis, einen Genuss, ein Materielles Geschenk, ein schönes Gespräch, ein Gefühl von Glücklichsein....)

Wenn Sie diese einfache Übung nur eine Woche lang durchführen, werden Sie bereits einen deutlichen Unterschied in Ihrer Wahrnehmung bemerken und feststellen, dass Sie sich viel erfüllter und glücklicher, reicher und zufriedener fühlen. Sie werden mit der Zeit beginnen, sich intensiv auf Ihren Tag und über Ihr Leben zu freuen.

Wichtig ist, dass Sie die Übung wirklich regelmäßig morgens und abends machen und niemals auslassen. Sollten Sie sie doch einmal vergessen haben, dann ärgern Sie sich aber nicht über sich selbst sondern machen Sie einfach weiter!

Nur durch die Regelmäßigkeit können Sie eine Veränderung in Ihrer inneren Programmierung und in Ihrem physischen Gehirn bewirken. Verbringen Sie auch nicht mehr als 2 Minuten morgens und abends mit dieser Übung um Ihre Motivation dauerhaft beizubehalten. Denn Sie wissen ja, steter Tropfen höhlt den Stein - und nicht eine einzige Flutwelle.

Machen Sie es sich dabei einfach und grübeln Sie nicht zu lange nach. Notieren Sie einfach in kurzen Stichpunkten die ersten Gedanken, die Ihnen dazu einfallen. Aber behalten Sie diese Übung wirklich dauerhaft bei.

Dankbarkeitsritual 2:
So erkennen Sie den Reichtum in IHNEN!

Für den produktiven Charakter ist Geben höchster Ausdruck seines Vermögens. Gerade im Akt des Schenkens erlebe ich meine Stärke, meinen Reichtum, meine Macht.

Erich Fromm

***

Dieses Ritual mag Sie überraschen.

Was hat Dankbarkeit mit Liebe zu tun, fragen Sie sich vielleicht.

Die Antwort: Sehr viel! Denn nichts schenkt uns mehr Fülle und Glück, als ein anderes Wesen zu lieben. Wohlgemerkt: Nicht geliebt zu werden ist hier entscheidend, sondern selbst ZU LIEBEN! Dieses aktive Tun ist eine der größten – wenn nicht DIE größte Quelle des Glücks. Und genau deshalb möchte ich Sie dazu inspirieren, sich auf das aktive Lieben einzulassen, auch wenn es Mut kostet, und die Fähigkeit, wirklich zu lieben (wieder) zu erlernen oder in Ihrem Leben zu kultivieren.

Wenn Sie Liebe schenken, entsteht etwas Großes und sehr Tiefes – etwas wirklich Wertvolles – zwischen Ihnen und dem Menschen, den Sie lieben – und das zu beobachten, was durch Ihre Liebe entsteht – in Ihnen, in dem Anderen und zwischen Ihnen – wird Ihnen das intensivste Gefühl der Dankbarkeit schenken, das Sie erleben können.

Wenn Sie also Dankbarkeit, Fülle und Glück in Turbogeschwindigkeit in Ihr Leben bringen wollen, dann lernen und kultivieren Sie die Kunst des Liebens!

Sehen Sie sich noch einmal das Zitat am Anfang dieses Kapitels an.

Ich möchte darauf näher eingehen.

Wenn wir uns selbst als einen Menschen erleben, der Anderen etwas geben kann – seine Hilfe, seine Liebe, seine Ideen, seine Lebensfreude und vieles mehr - kann uns das eine enorme Selbstsicherheit geben und sowohl unser Selbstvertrauen, als auch unser Selbstwertgefühl bedeutend stärken.

Dabei müssen wir aber natürlich darauf achten, dass das Geben nicht zur Aufopferung wird. Denn darum geht es selbstverständlich nicht. Gerade Menschen, denen es an Selbstliebe mangelt, neigen manchmal dazu, anderen zu viel zu geben und sich selbst damit zu überfordern. Sie glauben so viel geben zu müssen, um es wert zu sein, ebenfalls Hilfe, Liebe und andere gute Dinge zu bekommen.

Deshalb ist es wichtig, dass Sie den Unterschied zwischen produktivem, selbstbestimmtem Geben (von dem hier die Rede ist) und Aufopferung genau kennen:

Aufopferung heißt, sich den Bedürfnissen eines anderen Menschen zu unterwerfen und sich um sie zu kümmern, ohne Rücksicht auf die eigenen Bedürfnisse. Mit anderen

Worten: Aufopferung heißt, die Bedürfnisse eines anderen wichtiger zu nehmen als die eigenen.

Produktives selbstbestimmtes Geben heißt, sich zuerst um die eigenen Bedürfnisse zu kümmern und dafür zu sorgen dass es einem selbst gut geht und erst danach zu entscheiden, was und wem man geben möchte.

Selbst unser Partner sollte nicht von uns erwarten, dass wir immer für ihn da sind, alle seine Probleme mit ihm lösen. Ob und wie weit wir das tun möchten, sollte immer unsere eigene Entscheidung bleiben.

Mit diesem wichtigen Unterschied zwischen den beiden Formen des Gebens im Hinterkopf möchte ich Sie ermutigen, produktiv und selbstbestimmt zu geben: und zwar das, was SIE geben möchten! Sie können einem Menschen helfen, einen wertvollen Tip geben, jemandem Zärtlichkeit, Zuwendung oder auch ein Lächeln schenken, oder auch einem Menschen in einem emotionalen Tief beistehen. Entscheiden Sie selbst.

Ich möchte Sie dazu inspirieren, eine Liste mit ganz verschiedenen Dingen anzufertigen, die Sie geben können und wollen. Tun Sie das am besten gleich heute. Diese Liste soll Ihnen für Ihr tägliches Ritual als Inspiration dienen. Sie können sie natürlich jederzeit ergänzen, erweitern oder alte Punkte streichen.

Werfen Sie ab heute jeden Tag einen kurzen Blick darauf und wählen Sie eine Sache aus, die Sie an diesem Tag geben möchten. Und dann geben Sie jeden einzelnen Tag ganz bewusst einem Menschen etwas und spüren Sie dabei Ihre innere Stärke, Ihren Reichtum und Ihre Liebe.

Achten Sie dabei darauf, nicht zuviel des Guten zu tun. Geben Sie immer nur so viel, wie Sie geben können, ohne dabei in Stress zu geraten oder selbst zu kurz zu kommen.

Sie können nicht jeden Tag etwas Großes geben. Und es reicht auch vollkommen aus, wenn Sie an den meisten Tagen etwas Kleines geben. Wichtig ist nur, dass Sie sich darüber bewusst sind, dass Sie gerade etwas Wertvolles geben, während Sie es tun. Selbst etwas so kleines wie ein bewusstes aufmunterndes Lächeln kann einem niedergeschlagenen Menschen den Tag versüßen.

Sie können Ihrem Partner aus dem Büro ein aufrichtiges Kompliment schicken. Sie können eine Blume aus Ihrem Blumenstrauß nehmen und Ihrer Sekretärin schenken. Sie können sich ein paar Minuten Zeit nehmen und einem überforderten Kollegen im Büro helfen. Sie können auf der Straße einen Vertreter des anderen Geschlechts anlächeln oder wenn Sie mutig sind sogar in passender Situation ein Kompliment machen. Einfach nur, um ihm eine Freude zu machen und ohne etwas zurück zu erwarten. Sie können Ihrem Kind verzeihen, dass es frech zu Ihnen war und versuchen zu verstehen, worüber es sich geärgert hat. Verständnis zu schenken, ist etwas ganz Großartiges. Sie können einer Freundin sagen oder schreiben, warum Sie es schön finden, mit ihr befreundet zu sein.

All diese Dinge kosten nicht viel Zeit. Sie müssen sie nur tun! Aber noch einmal, weil es an dieser Stelle so wichtig ist: geben Sie nur, was Sie auch geben wollen. SIE entscheiden!

Haben Sie auch keine Angst vor Zurückweisung. Menschen spüren Ihre Absicht hinter dem Geben sofort. Sie spüren, dass Sie wirklich nur etwas geben, ihnen etwas Gutes tun wollen, ohne Erwartungen, und schätzen das überaus! Denn sie fühlen sich dadurch gesehen, beachtet und geliebt und sie werden Sie dafür ebenfalls lieben!

Geben Sie jedoch nicht, um etwas zurück zu bekommen. Es geht hier darum, dass Sie sich jeden Tag als einen gebenden, starken Menschen erleben können. Dafür benötigen Sie keine Gegenleistung.

Sie werden überrascht sein, wie massiv sich Ihr Selbstbild und Ihre Selbstsicherheit dadurch schon in kürzester Zeit verbessern, wieviel Glück und Fülle Sie in sich spüren werden und wie zufrieden Sie mit sich selbst werden. Und ganz abgesehen davon werden Sie feststellen, dass sich als schöner Nebeneffekt in kürzester Zeit auch all Ihre Beziehungen verbessern...

Dankbarkeitsritual 3: So ziehen Sie noch mehr Fülle an (der entscheidende Trick)!

Wie Sie bereits erfahren haben, erhöht sich, wenn wir dankbar sind, durch das starke Glücksgefühl in uns unser Schwingungszustand, ja unsere gesamte Körperfrequenz wird auf ein höheres Level gehoben. Durch diese neue Schwingung ziehen wir im Außen neue, positive Dinge an, die mit dieser Schwingung und der Fülle, die wir spüren, in Resonanz gehen.

Wenn wir in einem Bereich unseres Lebens keine Fülle erleben, dann empfinden wir für diesen Bereich nicht genügend Dankbarkeit!

In diesem Ritual möchte ich Sie dazu einladen, die Kraft der Dankbarkeit bewusst dafür zu nutzen, um noch mehr Fülle in Ihr Leben zu ziehen, sodass Sie sowohl im Innen, als auch im Außen immer reicher und erfüllter werden.

Dafür eignet sich das folgende kleine, aber ausgesprochen mächtige Ritual:

Nehmen Sie sich jeden Abend ein paar Minuten Zeit, in denen Sie ungestört sind und schalten Sie Ihr Telefon aus.

Schreiben Sie nun eine Sache auf, für die Sie dankbar sind (Ihr Augenlicht, Ihre Hände, mit denen Sie sich etwas zu essen kochen und Ihre Kinder streicheln können, Ihre Beine, mit denen Sie so viele Orte dieser Welt erkunden können usw.).

Gehen Sie nun den entscheidenden Schritt, der dafür sorgt, dass Ihre Dankbarkeit auch echte Fülle im Außen anzieht: Erschaffen Sie aus dem Gedanken an das, wofür Sie dankbar sind, starke und tiefe Emotionen!

Schließen Sie dafür die Augen und fühlen Sie sich in den Zustand hinein, in dem Sie das, wofür Sie gerade dankbar sind, mit voller Aufmerksamkeit nutzen, ganz und gar genießen und dabei große Freude erleben! Malen Sie sich die Situation in schillernden Farben aus und spüren Sie sich selbst in der Situation mit allen Details, bis wirklich starke Emotionen in Ihnen entstehen, die Sie sogar körperlich spüren.

Wenn Sie für die Natur dankbar sind, dann erleben Sie sich selbst in Ihrer Vorstellungskraft zum Beispiel barfuß über eine Sommerwiese rennen, spüren Sie das Grass und die Blüten unter Ihren nackten Füßen, die warmen Strahlen der Sonne auf Ihrem Gesicht und die Weite des blauen Himmels über Ihnen.

Wenn Sie für einen Menschen dankbar sind, dann spüren und sehen Sie diesen Menschen vor sich, mit seinem Energiefeld, seiner Ausdrucksweise, seiner Gestik und Mimik, seinen Augen, sehen Sie seinen inneren Kern, sein Wesen, spüren Sie intensiv die Liebe zu diesem Menschen, spüren Sie, wie Sie ihn in den Arm nehmen und sein Herz schlagen spüren…

Stellen Sie sich diese Situation ganz konzentriert für wenige Minuten so intensiv vor, dass wirklich starke Emotionen in Ihnen entstehen.

Wiederholen Sie dieses Ritual jeden Tag mit einer anderen Sache, für die Sie dankbar sind. FREUEN Sie sich wirklich tief über das, wofür Sie dankbar sind. Lassen Sie sich in Ihrer Vorstellung ganz und gar davon erfüllen!

Genau das ist der entscheidende Trick, mit dem Sie durch Ihre Dankbarkeit nicht nur in Ihrem Inneren, sondern auch im Außen mehr Fülle in Ihr Leben ziehen:

Es reicht nicht, nur zu DENKEN: Ich bin dankbar für meine Augen, meine Hände, für diesen einen Menschen und so weiter. Sie müssen es FÜHLEN! Nur durch Emotionen erhöhen Sie Ihre Körperfrequenz so, dass Sie im Außen durch das Gesetz der Resonanz noch mehr Fülle anziehen.

An dieser Stelle habe ich einen Tip für Sie:

Testen Sie dieses Ritual (5 Minuten täglich) für 30 Tage und beobachten Sie, wie sich Ihr Leben in dieser Zeit auch im Außen verändert. Machen Sie sich Notizen zu Beginn und auch zum Ende der 30 Tage wieder, um Ihr Leben vorher und nachher zu vergleichen.

Wenn Sie in einem bestimmten Lebensbereich mehr Fülle erschaffen wollen (zum Beispiel in der Liebe, ihren Beziehungen, Ihrer Gesundheit, im Beruf...), dann konzentrieren Sie sich in diesen 30 Tagen nur auf Dinge, für die Sie in diesem Bereich bereits dankbar sind und erschaffen Sie starke Emotionen von Freude darüber... Und das jeden Tag.

Werten Sie nach 30 Tagen die Veränderungen aus, die sich in diesem Lebensbereich eingestellt haben. Sie werden überrascht sein.

Aber: Sie müssen dieses Ritual wirklich JEDEN Tag ausüben. Und Sie müssen sich wirklich auf diese starken Emotionen einlassen (wenn auch immer nur für ein paar Minuten). Nur dann wird es funktionieren.

Wenn Sie das aber tun, dann wird Ihre Dankbarkeit eine Kraft für Sie entwickeln, die Sie selbst kaum fassen können und wird in einer enormen Geschwindigkeit Fülle, Freude, Liebe, inneren und äußeren Reichtum im Überfluss und jede Menge wundervolle Dinge in Ihr Leben ziehen, von denen Sie womöglich Jahrzehnte lang geträumt und die Sie schon nicht mehr für möglich gehalten haben.

Dankbarkeit so angewendet wird Ihr Leben mit einer enormen Kraft revolutionieren und auf eine ganz neue Stufe bringen.

Probieren Sie es aus!

TEIL II:
EIN 30 TAGE PROGRAMM FÜR MEHR DANKBARKEIT UND FÜLLE

Sie erhalten nun neben den 3 Dankbarkeitsritualen, die ich Ihnen in jedem Fall ans Herz legen möchte, auch ein 30 Tage Programm, mit dem Sie systematisch zusätzlich noch mehr Dankbarkeit, Liebe und innere und äußere Fülle in Ihr Leben ziehen können, wenn Sie mögen.

Sie benötigen auch für dieses Programm nur wenige Minuten am Tag.

Viel Spaß dabei!

Woche 1:
Zurück in die Fülle (7 Übungen)

In dieser ersten Woche unseres Dankbarkeits-Praxisprogramms werden Sie Ihren Fokus schärfen und beginnen, ihn gezielt auf Fülle zu richten.

Wenn wir unseren Fokus auf das Positive in unserem Leben richten wollen, dann müssen wir lernen, uns die richtigen Fragen zu stellen. Wir stehen in einem permanenten Gedankendialog mit uns selbst und tatsächlich macht die Qualität unserer Fragen die Qualität unseres Lebens aus.

Denn was für Fragen wir uns auch immer stellen, unser Gehirn wird Antworten darauf finden. Und genau diese Antworten formen mit der Zeit unser Weltbild, unser Selbstbild und unsere Glaubenssätze.

Kaufen Sie sich ein schönes Notizbuch und arbeiten Sie in den nächsten 30 Tagen damit. Schriftlich geäußerte Gedanken werden in unserem Gehirn tiefer abgespeichert als bloß gedachte Gedanken, sie bekommen einen verbindlicheren Charakter und unsere Notizen dienen uns zudem auch später als Gedächtnisstütze.

Tag 1:

Nehmen Sie sich 10 Minuten Zeit und machen Sie die Zen-Meditation für einen scharfen Fokus, den Sie zu Beginn des Buches kennengelernt haben.

Nehmen Sie sich anschließend 5 Minuten Zeit, um die folgenden beiden Fragen schriftlich zu beantworten:

Erstens: Wo würde ich mein Lebensgefühl (oder mein Glückslevel) im Durchschnitt der letzten 3 Monate auf einer Skala von 1 bis 10 einstufen?

Wir werden diese Frage am Ende des 30 Tage Programms noch einmal beantworten und sehen, wie stark sich Ihr Lebensgefühl verändert hat.

Zweitens: Welche waren die 3 schönsten Momente des heutigen Tages?

Tag 2:

Nehmen Sie sich 10 Minuten Zeit und machen Sie die Zen-Meditation für einen scharfen Fokus.

Nehmen Sie sich anschließend 5 Minuten Zeit, um die folgende Frage schriftlich zu beantworten:

Was waren 5 Glücks-Höhepunkte in meinem bisherigen Leben?

Tag 3:

Nehmen Sie sich 10 Minuten Zeit und machen Sie die Zen-Meditation für einen scharfen Fokus.

Nehmen Sie sich anschließend 5 Minuten Zeit, um die folgende Frage schriftlich zu beantworten:

5 Gründe, warum ich es besser habe, als der Durchschnitt der Menschen in meiner Umgebung!

Tag 4:

Nehmen Sie sich 10 Minuten Zeit und machen Sie die Zen-Meditation für einen scharfen Fokus.

Nehmen Sie sich anschließend 5 Minuten Zeit, um die folgende Frage schriftlich zu beantworten:

5 Beweise, dass ich mein Leben bisher gut gemeistert habe!

Tag 5:

Nehmen Sie sich 10 Minuten Zeit und machen Sie die Zen-Meditation für einen scharfen Fokus.

Nehmen Sie sich anschließend 5 Minuten Zeit, um die folgende Frage schriftlich zu beantworten:

5 Situationen, in denen mir andere Menschen in meinem Leben wirklich geholfen haben.

Tag 6:

Nehmen Sie sich 10 Minuten Zeit und machen Sie die Zen-Meditation für einen scharfen Fokus.

Nehmen Sie sich anschließend 5 Minuten Zeit, um die folgende Frage schriftlich zu beantworten:

5 großartige Geschenke, die ich in meinem bisherigen Leben vom Universum erhalten habe!

Tag 7:

Nehmen Sie sich 10 Minuten Zeit und machen Sie die Zen-Meditation für einen scharfen Fokus.

Nehmen Sie sich anschließend 5 Minuten Zeit, um die folgende Frage schriftlich zu beantworten:

5 Dinge oder Momente, auf die ich mich in Zukunft freue oder freuen kann.

Woche 2:
Öffnen Sie sich ganz für die Fülle (7 Übungen)

In dieser Woche werden wir beginnen, nicht mehr nur unseren Fokus auf Fülle zu richten, sondern uns für diese Fülle auch innerlich zu öffnen und den Trick anzuwenden, den Sie in diesem Buch kennengelernt haben, um mit Dankbarkeit auch im Außen Fülle anzuziehen.

Nehmen Sie sich in dieser Woche wieder täglich 15 Minuten Zeit.

Machen Sie zunächst 5 Minuten lang konzentriert die Zen-Meditation für einen scharfen Fokus und anschließend 10 Minuten lang die Übung, die ich Ihnen im Folgenden zeige.

Mit dieser Übung werden Sie sich für die Fülle öffnen und Ihren Schwingungsgrad erhöhen, um so auch im Außen immer stärker mit Positivem in Resonanz zu gehen.

Setzen Sie sich für die Übung bequem hin, schließen Sie die Augen und denken Sie an eine einzige Sache, für die Sie entweder dankbar SIND, oder für die Sie dankbar sein KÖNNTEN (nämlich etwas, das Sie im Moment haben und es wirklich vermissen würden, wenn Sie es plötzlich nicht mehr hätten).

Beginnen Sie dann, sich in allen Details und in den schillerndsten Farben vorzustellen, wie Sie diese Sache nutzen oder erleben und erschaffen Sie dadurch starke Emotionen in Ihnen.

Öffnen Sie sich für diese Emotionen und lassen Sie sie Ihr Inneres bewegen, berühren und begeistern, bis Sie körperliche Reaktionen und ein starkes Gefühl von Glück, Freude, Begeisterung und Dankbarkeit spüren. Lassen Sie sich ganz bewusst von diesen starken positiven Emotionen ein paar Minuten lang erfüllen.

Bleiben Sie so lange in diesem Gefühl, bis Ihre Augen leuchten wenn Sie sie wieder öffnen.

Tag 8:

Nehmen Sie sich 5 Minuten Zeit und machen Sie die Zen-Meditation für einen scharfen Fokus.

Nehmen Sie sich anschließend 10 Minuten Zeit und machen Sie die Übung, die ich Ihnen eben vorgestellt habe und die Sie bereits aus Teil I dieses Buches kennen.

Denken Sie dabei heute an ein Körperteil von Ihnen, für das Sie dankbar sind und das Ihnen gute Dienste leistet.

Tag 9:

Nehmen Sie sich 5 Minuten Zeit und machen Sie die Zen-Meditation für einen scharfen Fokus.

Nehmen Sie sich anschließend 10 Minuten Zeit und wiederholen Sie die Übung von gestern.

Denken Sie dabei heute an drei wunderbare Menschen, die Ihnen das Leben geschenkt hat.

Tag 10:

Nehmen Sie sich 5 Minuten Zeit und machen Sie die Zen-Meditation für einen scharfen Fokus.

Nehmen Sie sich anschließend 10 Minuten Zeit und wiederholen Sie die Übung von gestern.

Denken Sie dabei heute an eine Sache, die für Sie in unserer entwickelten Welt mit all ihren Annehmlichkeiten besonders wertvoll ist und die Sie ohne Mühe einfach nutzen und davon profitieren können (das könnte Ihr 24 Stunden Zugang zu sauberem Wasser direkt in Ihrer Wohnung sein, oder die Krankenhäuser in Ihrem Land oder auch etwas anderes, das Ihr Leben extrem vereinfacht und verbessert).

Tag 11:

Nehmen Sie sich 5 Minuten Zeit und machen Sie die Zen-Meditation für einen scharfen Fokus.

Nehmen Sie sich anschließend 10 Minuten Zeit und wiederholen Sie die Übung von gestern.

Denken Sie dabei heute an all das Geld, dass Sie im Laufe Ihres Lebens bereits verdient oder geschenkt bekommen haben.

Tag 12:

Nehmen Sie sich 5 Minuten Zeit und machen Sie die Zen-Meditation für einen scharfen Fokus.

Nehmen Sie sich anschließend 10 Minuten Zeit und wiederholen Sie die Übung von gestern.

Denken Sie dabei heute an ein Risiko, das Sie in Ihrem Leben eingegangen sind und das sich für Sie gelohnt hat und spüren Sie die Freude über Ihren eigenen Mut, Ihre Willenskraft und Ihre Kreativität.

Tag 13:

Nehmen Sie sich 5 Minuten Zeit und machen Sie die Zen-Meditation für einen scharfen Fokus.

Nehmen Sie sich anschließend 10 Minuten Zeit und wiederholen Sie die Übung von gestern.

Denken Sie dabei heute an einen Menschen, der Ihnen viel Liebe gegeben hat und lassen Sie sich erfüllen von seiner Liebe.

Tag 14:

Nehmen Sie sich 5 Minuten Zeit und machen Sie die Zen-Meditation für einen scharfen Fokus.

Nehmen Sie sich anschließend 10 Minuten Zeit und wiederholen Sie die Übung von gestern.

Denken Sie dabei heute an das wunderbarste, das Sie in Ihrem Leben einem anderen Menschen geschenkt haben (z.B. Ihre Liebe oder Ihre Hilfe oder auch etwas anderes) und lassen Sie sich ganz erfüllen von dem wunderbaren Gefühl, ein Gebender zu sein - stark, reich und überfließend!

Woche 3:
Erschaffen Sie sich ein Leben in Fülle (7 Übungen)

In dieser Woche beginnen wir damit, ganz gezielt mit der Kraft unserer Dankbarkeit die Dinge in unser Leben zu holen, von denen wir uns mehr wünschen.

Nehmen Sie sich weiterhin täglich 5 Minuten Zeit für die Zen-Meditation und machen Sie außerdem in weiteren 10 Minuten die Übung des jeweiligen Tages.

Tag 15:

Machen Sie 5 Minuten lang die Zen-Meditation.

Erstellen Sie anschließend eine Liste mit 5 Dingen, von denen Sie sich mehr in Ihrem Leben wünschen und formulieren Sie sie als positive Affirmation, und zwar in der Gegenwart und so, als hätten Sie diese Dinge bereits in Ihrem Leben.

Konzentrieren Sie sich NICHT auf das, was Sie noch nicht haben, sondern auf das, von dem Sie sich mehr wünschen und was Sie bald HABEN werden.

Das könnte zum Beispiel so aussehen:

Ich habe jetzt einen wunderbaren Job, der mir Freude macht, oder:

Ich habe jetzt eine wunderbare Beziehung voller Verbundenheit und Verständnis, oder

Ich lebe im Überfluss und es kommt jeden Tag immer mehr Geld zu mir…

Schreiben Sie auf, wonach auch immer sich Ihr Herz sehnt…

Tag 16:

Machen Sie 5 Minuten lang die Zen-Meditation.

Machen Sie anschließend 10 Minuten lang die Übung, die Sie bereits letzte Woche gemacht haben, um sich für die Fülle zu öffnen und starke Emotionen in Ihnen zu wecken.

Aber denken Sie diesmal dabei genau 2 Minuten lang an jedes der 5 Dinge auf Ihrer Liste, die Sie gestern notiert haben.

Lassen Sie sich wirklich auf dieses wunderbare Gefühl ein, als wären Sie bereits in der Situation und öffnen Sie sich ganz dafür, bis Sie die Vorfreude darauf bzw. die Freude darüber in Ihrem Körper zu spüren beginnen.

Auch hier gilt wieder: Sie sollten das Glücksgefühl so lange aktiv in sich aufrecht halten, bis Ihre Augen leuchten, wenn Sie sie wieder öffnen.

Wenn das noch nicht der Fall ist, machen Sie die Übung zu Beginn einfach etwas länger (z.B. 4 Minuten für jedes der 5 Dinge).

Sie werden sehen, dass es Ihnen mit jedem Tag leichter fällt, sich schnell in dieses Gefühl der Fülle hinein fallen zu lassen und das positive Gefühl und die Freude in Ihnen zu aktivieren und zu verstärken.

Die Zen-Meditation hilft Ihnen zusätzlich dabei, Ihren Fokus ganz auf die eine Sache gerichtet zu halten, der Sie sich gerade zuwenden, und ablenkende Gedanken (wie Einwände, Sorgen etc.) sofort wieder zu vertreiben.

Tag 17:

Wiederholen Sie die Übung von Tag 16.

Tag 18:

Wiederholen Sie die Übung von Tag 16.

Tag 19:

Wiederholen Sie die Übung von Tag 16.

Tag 20:

Wiederholen Sie die Übung von Tag 16.

Tag 21:

Wiederholen Sie die Übung von Tag 16.

Machen Sie anschließend eine kleine Auswertung Ihrer inneren Arbeit von dieser Woche und beantworten Sie dafür schriftlich in Ihrem Notizbuch die folgenden Fragen:

Erstens: Welche Veränderungen haben sich durch die Übungen in dieser Woche in meinem Gefühl eingestellt?

Zweitens: Welche äußeren Veränderungen haben sich durch die Übungen in dieser Woche bereits in meinem Leben eingestellt?

Oft merken wir, wenn wir die Übung wirklich ernsthaft und mit voller Konzentration täglich umgesetzt haben, bereits nach ein paar Tagen, dass Menschen uns anders und positiver wahrnehmen und anders auf uns zugehen, dass sie uns mehr zutrauen und dass sich in unserem Alltag mehr Gelegenheiten für Fülle und Schönes ergeben in den Bereichen, die wir visualisiert haben.

Woche 4: Erschaffen Sie sich ein Leben in noch mehr Fülle (7 Übungen)

In dieser Woche werden wir damit fortfahren, uns mit der bewussten, konzentrierten und gezielten Ausrichtung unseres Fokus und dem wirklichen Öffnen für die Fülle die Dinge in unserem Leben zu erschaffen, die wir uns wünschen.

Denn auch wenn wir bereits mit jedem Tag eine Veränderung feststellen, wenn wir erst einmal begonnen haben, diese Übung täglich zu machen, brauchen insbesondere größere Veränderungen in unserem Leben manchmal (nicht immer!) doch etwas Zeit, um sich zu manifestieren.

Nicht selten geschieht eine solche Veränderung aber auch schon nach wenigen Tagen, ja sogar innerhalb von 24 Stunden oder auch von nur ein paar Stunden. Es fühlt sich dann so an, als hätten wir eine Order an das Universum gegeben und würden innerhalb von kürzester Zeit unsere bestellte Lieferung erhalten.

Erschrecken Sie also nicht, falls Sie plötzlich ohne große Mühe all das bekommen, was Sie sich wünschen!

Das ist kein Zufall – SIE haben es manifestiert!

Tag 22:

Wiederholen Sie die Übung von Tag 16.

Tag 23:

Wiederholen Sie die Übung von Tag 16.

Tag 24:

Wiederholen Sie die Übung von Tag 16.

Tag 25:

Wiederholen Sie die Übung von Tag 16.

Tag 26:

Wiederholen Sie die Übung von Tag 16.

Tag 27:

Wiederholen Sie die Übung von Tag 16.

Tag 28:

Wiederholen Sie die Übung von Tag 16.

Machen Sie anschließend eine kleine Auswertung Ihrer inneren Arbeit dieser Woche und beantworten Sie dafür schriftlich in Ihrem Notizbuch die folgenden Fragen:

Erstens: Welche Veränderungen haben sich durch die Übungen in dieser Woche in meinem Gefühl eingestellt?

Zweitens: Welche äußeren Veränderungen haben sich durch die Übungen in den letzten beiden Wochen in meinem Leben eingestellt?

Woche 5:
Ein Leben lang im Überfluss bleiben (2 Übungen)

An den letzten beiden Tagen Ihres 30 Tage Programms sollten Sie sich auf die Zukunft vorbereiten!

Und zwar auf eine Zukunft voller Fülle und voller Möglichkeiten.

Auf eine Zukunft die Sie selbst schaffen, für deren Fülle Sie sich ganz öffnen und die Sie vor allem aus vollen Zügen genießen!

Tag 29:

Machen Sie 5 Minuten lang die Zen-Meditation.

Beantworten Sie anschließend 10 Minuten lang die folgenden drei Fragen:

Erstens: Wo würde ich mein Lebensgefühl (oder mein Glückslevel) im Durchschnitt der letzten Woche auf einer Skala von 1 bis 10 einstufen?

Zweitens: Wie stark hat sich mein Glückslevel durch dieses 30 Tage Programm verändert (vergleichen Sie mit Ihrer Antwort von Tag 1)?

Drittens: Welche äußeren Veränderungen haben sich in den letzten 30 Tagen in meinem Leben eingestellt?

Tag 30:

Machen Sie 5 Minuten lang die Zen-Meditation.

Beantworten Sie anschließend 10 Minuten lang die folgenden zwei Fragen:

Erstens: Was für ein Mensch bin ich jetzt? (Definieren Sie Ihr neues Selbstbild).

Zum Beispiel: ...ein liebender, ein gut behüteter, ein glücklicher, ein fröhlicher, ein begeisterter, ein reicher, ein schöner, ein mutiger, ein starker, ein zuversichtlicher....

Zweitens: Wie wird mein Leben in der Zukunft aussehen? Notieren Sie 5 positive Dinge, die Sie in Zukunft in Ihrem Leben manifestieren werden.

Und nach den 30 Tagen?

Ich empfehle Ihnen, auch weiterhin täglich 15 Minuten Zeit in Ihr Lebensgefühl, Ihre innere Haltung und Ihren äußeren Reichtum zu investieren und ein kleines Dankbarkeitsritual einzuführen, das Sie dauerhaft im Alltag umsetzen.

Machen Sie dafür täglich 5 Minuten lang mit voller Konzentration die Zen-Meditation und anschließend 10 Minuten lang die Übung von Tag 16 mit den neuen Lebenswünschen auf Ihrer Liste, die Sie an Tag 30 notiert haben.

Natürlich können Sie Ihre Liste jederzeit anpassen oder erneuern, wenn sich Wünsche bereits erfüllt haben oder wenn Sie feststellen, dass Sie sich doch nach etwas anderem sehnen.

Sie haben mit diesem kleinen Ritual ein machtvolles Werkzeug, um sich das Leben zu erschaffen, von dem Sie immer geträumt haben und um dauerhaft in Fülle, Freude und Überfluss zu leben – so wie Sie es längst verdienen!

TEIL III: MACHTVOLLE VISUALISIERUNGSÜBUNG FÜR DANKBARKEIT, LIEBE UND FÜLLE!

Und bevor wir nun zum Abschluss kommen, möchte ich Ihnen noch eine ganz besonders machtvolle und wirksame Visualisierungsübung vorstellen, die Sie zusätzlich vor, während oder nach dem 30 Tage Programm machen können, um sich selbst auf einer noch tieferen Ebene mit Dankbarkeit, Liebe und Fülle „aufzuladen".

Sie können diese Übung einfach einmal ausprobieren und dann entscheiden, ob Sie sie regelmäßig (zum Beispiel jede Woche zu einer bestimmten Zeit, vielleicht immer Montags oder Freitags nach Feierabend oder am Morgen) durchführen wollen.

Wahrscheinlich wird Ihnen diese Übung beim ersten Mal gar nicht so leicht fallen, aber Sie werden merken, dass sie bei jeder Wiederholung leichter wird und zugleich eine stärkere Wirkung bekommt. Seien Sie deshalb einfach geduldig mit sich und machen Sie weiter.

Suchen Sie sich vorab für diese Übung (z.B. kostenlos im Internet über Youtube & Co) Musik aus, die Sie wirklich tief entspannt und die Sie als angenehm empfinden. Das können meditative Klänge sein (z.B. tibetische Heilklänge, Regenmusik, Meditationsmusik der Shaolin-Mönche, Klänge die das Herzchakra öffnen oder binaurische Beats die die Frequenz Deiner Gehirnwellen senken und in den Alfawellenzustand bringen) oder auch einfach Musik, die

Sie in einen ruhigeren und langsameren Zustand, in einen Zustand des Träumens bringt.

Und so geht die Übung:

Nehmen Sie sich 10-15 Minuten Zeit, ziehen Sie sich alleine in einen ruhigen Raum zurück und sorgen Sie dafür, dass Sie nicht gestört oder durch das Telefon unterbrochen werden. Spielen Sie Ihre Musik ab und machen Sie es sich entweder auf einem Sofa gemütlich oder legen Sie sich noch besser – sofern Sie dabei nicht einschlafen – flach auf den Boden (z.B. auf einen Teppich) und zwar auf den Rücken, mit ausgetreckten Armen und Beinen. Drehen Sie Ihre Arme leicht vom Körper weg nach außen und drehen Sie die Handflächen nach oben. Diese Position ist eine Entspannungsposition aus dem Yoga, die Sie für den Zustand des Empfangens öffnet.

Bleiben Sie nun 10-15 Minuten liegen, schließen Sie die Augen, lassen Sie sich von der Musik erfüllen und beruhigen Sie Ihren Atem... Spüren Sie, wie Sie durch das Nichts-Tun ganz allmählich immer mehr in einen Zustand der Langsamkeit, der Entschleunigung und der inneren Stille gelangen und sich fallen lassen können...

Keine Sorge, es ist ganz normal, dass Ihnen das beim ersten Versuch noch nicht gleich perfekt gelingen kann, machen Sie die Übung einfach immer wieder (zum Beispiel für die ersten paar Tage jeden Tag) und Sie werden merken, dass Sie sich jeden Tag schneller und tiefer entspannen.

Wenn Sie nach einigen Minuten spüren, dass Sie ruhiger werden, mehr bei sich ankommen und beginnen, sich fallen zu lassen, dann beginnen Sie mit dem eigentlichen Visualisieren:

Leiten Sie das Visualisieren ein, indem Sie in Gedanken langsam rückwärts von 10 bis 1 zählen. Das bringt Sie noch tiefer zu sich selbst und in Ihren Körper zurück und lässt Sie die Außenwelt vergessen.

Stellen Sie sich nun vor, Sie gehen auf einem kleinen, ausgelaufenen Pfad durch eine wunderschöne Landschaft. Rechts und links von Ihnen sehen Sie traumhafte, unberührte Natur und genießen in vollen Zügen die intensiven Eindrücke der riesigen Blumen, der exotischen Bäume und der saftigen Gräser.

Während Sie weiterlaufen, sehen Sie rechts und links am Rand Ihres Pfades nach und nach immer mehr Menschen auftauchen... Es sind fremde Menschen und Sie erkennen allmählich, dass diese Menschen ganz und gar voller Liebe sind. Sie versammeln sich am Rande Ihres Pfades nur für Sie! Sie können wahrnehmen, dass sie sich schon lange auf Sie freuen und dass sie gekommen sind, um Ihnen ihre Liebe zu geben und Ihnen zu zeigen, dass Sie für sie wichtig sind.

Laufen Sie in Ihrer Vorstellung ganz entspannt einfach weiter an ihnen vorbei und spüren Sie bei jedem der Menschen, an dem Sie vorbei laufen, seine liebevolle Geste, die nur Ihnen alleine gilt. Einige schauen Sie liebevoll an, andere rufen Ihnen zu, wie großartig Sie sind, wie liebenswert Sie sind, und dass es so schön ist, dass Sie endlich wieder da sind: Im Land der Fülle! Wieder andere strahlen wie kleine Kinder, sobald sie Sie sehen und Sie können deutlich spüren, wie sehr sie sich bereits auf Sie gefreut haben!

Sie sind wichtig für diese immer größer werdende Masse an Menschen. Sie nehmen nur Sie wahr und sind außer sich. Einige jubeln sogar vor Freude, dass Sie endlich da sind!

Tipp: Während Sie diese Visualisierungsübung machen, ist es sehr wahrscheinlich, dass Sie zu Beginn immer wieder den starken Impuls spüren werden, sich abzulenken, die Übung zu unterbrechen oder sie als albern und nutzlos abzutun. Sie werden sich zu Beginn vielleicht auch lächerlich vorkommen und den Wunsch haben, sie abzubrechen.

Deshalb ist es wichtig, den inneren Widerstand zu erwarten und gegenzulenken, sobald Sie ihn spüren, indem Sie sich in diesen Momenten immer wieder ganz bewusst dafür entscheiden, in der Übung und in Ihrem Land der Fülle zu bleiben, auf dem Pfad weiter zu laufen und sich auf das, was diese Menschen und die traumhafte Natur Ihnen an Liebe und Fülle schenken wollen, einzulassen, sich dafür zu öffnen, ja Ihr Herz ganz aufzumachen und es wie ein Geschenk anzunehmen...

Es ist ganz normal dass Sie hier einen inneren Widerstand spüren werden, er zeigt Ihnen, wie stark Sie sich auch im Außen im Moment noch für Zuwendung, Fürsorge und Liebe sperren, und er kann aufgebrochen werden, indem Sie sich immer wieder bewusst gegen Ihren Widerstand entscheiden, in der Übung zu bleiben, weiter zu machen und das Geschenk der Liebe und der Fülle anzunehmen und ganz in sich hinein zu lassen.

Öffnen Sie sich also immer wieder bewusst (auch wenn es sich riskant und unsicher anfühlt) für das, was diese Menschen Ihnen geben wollen, nehmen Sie es an und fühlen Sie, wie es Sie im Inneren berührt und bewegt.

Gehen Sie solange durch Ihre Landschaft weiter und öffnen Sie sich immer wieder neu für die Liebe, die diese Menschen Ihnen schenken wollen, bis Sie innerlich ganz angefüllt sind mit Liebe und Dankbarkeit, und Sie sich erfüllt und von Kopf bis Fuß liebenswert fühlen.

Wenn Sie in diesem Zustand sind, können Sie natürlich solange weiter visualisieren wie Sie möchten. Je länger Sie innerlich in diesem Gefühl und dem Zustand des Erfülltseins bleiben, desto wirksamer ist die Übung.

Öffnen Sie anschließend langsam die Augen, bleiben Sie noch etwa 2 Minuten ruhig und entspannt auf dem Rücken liegen und lassen Sie das Gefühl, das Sie in sich erschaffen haben, nachklingen, während Sie weiter der Musik zuhören, die Ihren Körper entspannt.

Stehen Sie dann in Ruhe auf und kommen Sie langsam wieder in das Hier und Jetzt zurück...

Wenn Sie mehr über die Kunst des erfolgreichen Visualisierens erfahren möchten, dann empfehle ich Ihnen auch mein großes Praxisbuch zum Gesetz der Anziehung. Dort lernen Sie, wie Sie die gesamte Fülle des Universums in Ihr Leben einladen und erfahren, wie Sie Blockaden beim Visualisieren einfach lösen und Ihre Arme ganz für die Schätze des Lebens öffnen.

In meiner Online Akademie erhalten Sie außerdem, wenn Sie mögen, jeden Freitag Übungen, mit denen Sie Ihre Persönlichkeit und Ihr Leben nach Ihren Wünschen verändern können und zu dem Menschen werden, der all die Fülle anzieht, die Sie sich wünschen.

Ich glaube fest daran, dass wir mit unserer Persönlichkeit und all ihren Elementen, wie unseren bewussten und unbewussten Glaubenssätzen, unseren Gedanken und Bewertungen, unseren Gefühlen, unserer Körperchemie, unseren Reaktionen auf unsere Umstände und unserem Umgang mit dem Leben zu einem ganz wesentlichen Teil unser Schicksal selbst formen.

Und dass wir all das nach bestimmten natürlichen Gesetzen bewusst verändern und uns so auch jederzeit ein neues Leben mit neuen Erfahrungen erschaffen können.

Finden Sie hier kostenlos heraus, wie faszinierend Ihre Persönlichkeit arbeitet und wie Sie sie nach Ihren Wünschen verändern können:

http://www.cosima-sieger.de/4z1p47p1tb7/

Und wenn Sie bereit sind für eine echte Veränderung, dann kommen Sie gerne auch zu uns in die Akademie, erfahren Sie die Naturgesetze des erfolgreichen inneren und äußeren Wachstums und erschaffen Sie sich mit meinen Übungen und Strategien das Schicksal, das Sie sich wünschen.

Reservieren Sie dafür jetzt Ihren Platz bei uns:

http://www.cosima-sieger.de/cosimas-akademie/

99 Dinge, für die Sie heute dankbar sein können

Zum Abschluss möchte Ihnen gerne noch eine Liste an Dingen mitgeben, für die die allermeisten von uns eigentlich dankbar sein könnten, es jedoch oft nicht sind.

Diese Liste soll Ihnen als Inspiration dienen, falls Sie zu Beginn beim Lernen der Dankbarkeit noch Schwierigkeiten haben sollten, sich an Dinge zu erinnern, für die Sie dankbar sein können.

Und hier sind sie:

99 Dinge, für die Sie dankbar sein können:

Seien Sie dankbar für Ihr Zuhause

Seien Sie dankbar für Ihren Körper

Seien Sie dankbar für Ihren Verstand

Seien Sie dankbar für den Frieden in Ihrem Land

Seien Sie dankbar für die vollen Regale im Supermarkt

Seien Sie dankbar für die medizinische Behandlung, die Sie jederzeit bekommen können, wenn Sie sie brauchen

Seien Sie dankbar für die soziale Absicherung in Ihrem Land

Seien Sie dankbar für die Freiheit, Ihre Gedanken äußern zu können

Seien Sie dankbar für die Infrastruktur in Ihrem Land

Seien Sie dankbar für den Kaffee, den Sie heute Morgen getrunken haben

Seien Sie dankbar für jeden Freund, den Sie haben

Seien Sie dankbar für jeden Freund, den Sie einmal in Ihrem Leben hatten

Seien Sie dankbar für Ihre Eltern

Seien Sie dankbar für Ihre Geschwister

Seien Sie dankbar für Ihre Kinder

Seien Sie dankbar für jedes einzelne Mitglied Ihrer Familie

Seien Sie dankbar für jeden Partner, den Sie in Ihrem Leben hatten

Seien Sie dankbar für all die Tiere auf unserem Planeten

Seien Sie dankbar für die Pflanzen auf unserem Planeten

Seien Sie dankbar für jede Krise, an der Sie wachsen konnten

Seien Sie dankbar für Ihre Geschichte, die Sie stark gemacht hat

Seien Sie dankbar für die 10.000 Dinge, die jeder Deutsche im Schnitt besitzt

Seien Sie dankbar für Ihre Arbeit

Seien Sie dankbar für Ihr monatliches Einkommen

Seien Sie dankbar für all die Menschen, die Ihren Lebensweg gekreuzt und sie vieles gelehrt haben

Seien Sie dankbar für Ihren Garten

Seien Sie dankbar für den Sonnenschein

Seien Sie dankbar für den Sturm

Seien Sie dankbar für den Regen

Seien Sie dankbar für den Novembernebel

Seien Sie dankbar für den Schnee im Februar

Seien Sie dankbar für jedes Sommergewitter im August

Seien Sie dankbar für die Sterne am Nachthimmel

Seien Sie dankbar für jedes Weihnachtsfest

Seien Sie dankbar dafür, dass Sie geboren wurden

Seien Sie dankbar für Ihr Mitgefühl mit anderen Lebewesen

Seien Sie dankbar für das Mitgefühl anderer Menschen mit Ihnen

Seien Sie dankbar für jeden Menschen, der Ihnen seine Sympathie geschenkt hat

Seien Sie dankbar für jeden Menschen, der Ihnen sein Vertrauen geschenkt hat

Seien Sie dankbar für jeden Menschen, der an Sie geglaubt hat

Seien Sie dankbar für jeden Menschen, der Ihnen Gutes gewünscht hat

Seien Sie dankbar für jeden Menschen, der Ihnen geholfen hat

Seien Sie dankbar für jeden Menschen, der Ihnen seine Liebe geschenkt hat

Seien Sie dankbar für jeden Menschen, den Sie geliebt haben

Seien Sie dankbar für das Meer

Seien Sie dankbar für den Sonnenuntergang

Seien Sie dankbar für jedes Kompliment, das Sie in Ihrem Leben bekommen haben

Seien Sie dankbar für jeden Menschen, dessen Augen Sie zum Leuchten bringen konnten

Seien Sie dankbar für den Wind

Seien Sie dankbar für jeden Moment, in dem Sie sich für die Fülle des Lebens öffnen konnten

Seien Sie dankbar für jedes Ziel das Sie aus eigener Kraft erreicht haben

Seien Sie dankbar für Ihre Träume

Seien Sie dankbar für Ihren Geist

Seien Sie dankbar für die Zeit, die Sie noch auf diesem Planeten haben

Seien Sie dankbar für die harte Arbeit, die Ihr Körper täglich für Sie leistet

Seien Sie dankbar für jede Krankheit, die Ihr Körper geheilt hat

Seien Sie dankbar für jeden glücklichen Moment in Ihrem bisherigen Leben

Seien Sie dankbar für jeden Moment, in dem Sie voller Liebe waren

Seien Sie dankbar für jedes bereichernde Gespräch

Seien Sie dankbar für jeden Menschen, der Sie inspiriert hat

Seien Sie dankbar für jede Lektion, die Sie in Ihrem Leben gelernt haben

Seien Sie dankbar für sich selbst (für das, was Sie sind, wer Sie sind, wie Sie aussehen!)

Seien Sie dankbar für all den Luxus, in dem Sie leben

Seien Sie dankbar für Ihre Schönheit

Seien Sie dankbar für all die klugen Denker unserer Zeit, die mit ihren Gedanken die Welt bereichert haben

Seien Sie dankbar für den Fortschritt der Wissenschaft

Seien Sie dankbar für Ihre Intelligenz

Seien Sie dankbar für Ihre Bildung und für all das Wissen, zu dem Sie Zugang erhalten

Seien Sie dankbar für jeden einzelnen tollen Menschen in Ihrem Leben

Seien Sie dankbar für Ihre Gesundheit

Seien Sie dankbar für jede Berührung

Seien Sie dankbar für die Musik

Seien Sie dankbar für Ihren vollen Kühlschrank und Ihren Zugang zu frischem Wasser

Seien Sie dankbar für die vielen Möglichkeiten, die Sie haben

Seien Sie dankbar für Ihr Auto

Seien Sie dankbar für das Geld auf Ihrem Konto

Seien Sie dankbar für Ihren Computer, Ihr Telefon, Ihr Bett...

Seien Sie dankbar für all die Bücher, die Sie in Ihrem Leben gelesen haben

Seien Sie dankbar für jede Reise, die Sie in Ihrem Leben gemacht haben

Seien Sie dankbar für die köstlichen Speisen, die Sie jeden Tag geschenkt bekommen.

Seien Sie dankbar für Ihre Augen

Seien Sie dankbar für Ihre Hände

Seien Sie dankbar für Ihre Füße

Seien Sie dankbar für Ihre Vergangenheit

Seien Sie dankbar für Ihre Freude

Seien Sie dankbar für Ihren Mut

Seien Sie dankbar für Ihre Leidenschaft

Seien Sie dankbar für Ihren Erfolg

Seien Sie dankbar für Ihren Reichtum

Seien Sie dankbar für diesen wunderschönen Planeten

Seien Sie dankbar für die Fülle in der Natur

Seien Sie dankbar für Ihren eigenen Frieden

Seien Sie dankbar für Ihre Glückseligkeit

Seien Sie dankbar für Ihre Würde

Seien Sie dankbar für Ihre Kraft

Seien Sie dankbar für die Liebe

Seien Sie dankbar für jeden einzelnen Menschen, den Sie je geliebt haben

Seien Sie dankbar für den Moment

Seien Sie dankbar für dieses Leben

Schlusswort

Ich hoffe, dieses Buch hat Sie inspiriert und meine Dankbarkeitsübungen, meine Visualisierungsübung und die drei Dankbarkeitsrituale werden Ihnen helfen, sich mit tiefer Dankbarkeit zu erfüllen und so Gelassenheit, Zufriedenheit, Fülle und Glück im Überfluss in Ihr Leben zu bringen!

Aber ich möchte Sie nicht nur inspirieren. Ich möchte Ihr Leben verändern!

Legen Sie dieses Buch deshalb jetzt *nicht* zur Seite und leben Sie weiter wie bisher.

Veränderung entsteht nicht durch neues Wissen, sondern nur durch *angewandtes* Wissen.

Es spielt keine Rolle, wieviel Sie wissen, entscheidend ist, was Sie *tun*.

Gehen Sie deshalb *heute* den entscheidenden Schritt in die Praxis, damit das Wissen aus diesem Buch seine ganze Wirkung entfalten und die Kraft der Dankbarkeit SIE und IHR Leben verändern kann.

Sie müssen auf nichts mehr warten. Alles wovon Sie träumen ist längst da...

Seien Sie mutig, überwinden Sie sich und öffnen Sie Ihr Herz JETZT für die Fülle!

Seien Sie dankbar. Und lassen Sie Ihre Dankbarkeit Ihr Herz in der Tiefe berühren.

Wagen Sie das Abenteuer und lassen Sie sich wirklich ganz ein auf das starke Gefühl von Glück, Freude, Fülle und Überfluss und Ihr Leben wird sich innerlich und äußerlich verändern.

Es wird rasend schnell gehen...

...denn die Kraft der Dankbarkeit ist die zweitstärkste Kraft in unserem Universum, gleich nach der Liebe!

Ich wünsche Ihnen alle Fülle und alles Glück diese Erde!

Herzliche Grüße und vielleicht bis bald, in einem meiner anderen Ratgeber. Ich würde mich freuen!

Ihre Cosima Sieger

P.S. Hier bekommen Sie kostenlose Leseproben und hin und wieder auch ein kleines Geschenk von mir:

http://www.cosima-sieger.de/cosimas-newsletter/

Abonnieren Sie mich gerne auch bei Facebook. Dort poste ich regelmäßig Übungen, Tipps, hilfreiche Texte und Inspirationen für Sie:

https://www.facebook.com/cosima.sieger

MEIN

DANKBARKEITS

TAGEBUCH

Meine Gedanken über mein großartiges Leben:

Meine Gedanken über mein großartiges Leben:

Meine Gedanken über mein großartiges Leben:

Meine Gedanken über mein großartiges Leben:

Meine Gedanken über mein großartiges Leben:

Meine Gedanken über mein großartiges Leben:

Einige Cosima Sieger Ratgeber im Überblick

Das große Praxisbuch zum Gesetz der Anziehung!

Die 5 Schritte Methode zum Ängste überwinden
(auch bei Angststörungen)

Das große Praxisbuch für eine unwiderstehliche
Ausstrahlung!

Großer Selbstliebe Ratgeber
(Grundlagen-Wissen zur Selbstliebe)

Großes Selbstliebe Übungsbuch
(30 Tage Übungsprogramm)

Selbstliebe Praxisbuch
(Arbeit mit dem inneren Kind)

Großes Selbstbewusstsein Übungsbuch
(inkl. 30 Tage Praxisprogramm)

Selbstvertrauen – das ultimative Geheimnis!
(Selbstvertrauen für Mutige)

Introvertiert erfolgreich in einer extrovertierten Welt

Selbstbehauptung lernen - Das 15 Tage Praxisprogramm

Trennung überwinden in 30 Tagen – Das Praxisprogramm

Großes Praxisbuch zum Loslassen (in 5 Schritten)

Das große Buch der Gelassenheit

Dein Weg aus dem Stress zurück in die Freiheit!

Das große Achtsamkeit Übungsbuch

Gewohnheiten ändern – Das 30 Tage Praxisprogramm

Manipulationstechniken durchschauen:
Erkennen Sie wer Sie manipuliert und stoppen Sie
Manipulation und Intrigen gegen Sie wirksam in 4 Schritten
(nur erhältlich auf www.cosima-sieger.de)

Großes Praxisbuch der Selbstfindung

Der Weg zurück zur Lebensfreude

Minimalismus für ein Leben in Leichtigkeit und Freiheit

Freunde finden ohne Mühe

Das große Körperbuch:
Wie Sie mit Genuss gesund leben, Ihren Körper LIEBEN und
in Ihrer ganzen Schönheit erstrahlen!

Das große Praxisbuch der Dankbarkeit:
Wie Sie in 30 Tagen unendliche Fülle erschaffen

Das Geheimnis des Glücks (Praxisbuch zum Glücklichsein)

„Ich helfe Menschen, stark, gelassen und glücklich zu werden und dafür ins TUN zu kommen."

Cosima Sieger

Es erscheinen regelmäßig neue Cosima Sieger Ratgeber. Schauen Sie einfach bald mal wieder bei Amazon oder bei Ihrem Buchhändler vorbei.

Weitere Cosima Sieger Bücher gibt es außerdem exklusiv unter www.cosima-sieger.de
(diese sind zum Teil nicht im Buchhandel erhältlich)

Anhang, Haftungsausschluss und Copyright

Was denken Sie?

Wenn Ihnen mein Ratgeber gefallen hat, freue ich mich auf Ihre Bewertung bei Amazon! Eine kurze Bewertung gibt mir meine Motivation, um weitere Ratgeber für diese Reihe zu schreiben und auch das Wissen, wie ich sie so gestalten kann, dass ich Ihnen damit am besten helfe.

Selbstverständlich ist sowohl positives, als auch negatives Feedback willkommen. Mit beidem kann ich meine Bücher kontinuierlich für meine Leser verbessern, und das ist mir sehr wichtig. Über positives Feedback freue ich mich aber natürlich ganz besonders.

Schenken Sie mir also doch jetzt noch 2 Minuten Ihrer Zeit und schreiben Sie mit ein oder zwei Zeilen jetzt gleich noch eine kurze Bewertung zu diesem Buch.

Danke von Herzen für Ihre Unterstützung...

Haftungsausschluss, Impressum & Eigentumsrechte

Wir sind bemüht, alle Angaben und Informationen in diesem Buch korrekt und aktuell zu halten. Trotzdem können Fehler und Unklarheiten leider nie vollkommen ausgeschlossen werden. Daher übernehmen wir keine Gewähr für die Richtigkeit, Aktualität, Qualität und Vollständigkeit der vorliegenden Texte und Informationen.

Für Schäden, die durch die Nutzung der bereitgestellten Informationen mittelbar oder unmittelbar entstehen, haften wir nicht, solange uns nicht grob fahrlässiges oder vorsätzliches Verschulden nachgewiesen werden kann. Für Hinweise auf eventuelle Fehler oder Unklarheiten sind wir Ihnen dankbar.

Impressum:

Die Autorin Cosima Sieger wird vertreten durch:

Miriam Al-Kebbeh
Niedernhausener Strasse 45
60326 Frankfurt am Main
E-Mail: info@freizeitgewinnen.de

Meine wichtigsten Erkenntnisse aus diesem Buch:

Was ich ab heute regelmäßig tun werde:

10 Gründe, warum mein Leben großartig ist:

Printed in Poland
by Amazon Fulfillment
Poland Sp. z o.o., Wrocław

62988965R00070